合唱で歌いたい！ スタンダードコーラスピース

混声4部合唱

組曲「ひとつの朝」より

ひとつの朝

作詞：片岡 輝　作曲：平吉毅州

JN149872

●●● 曲目解説 ●●●

NHK全国学校音楽コンクール、全日本合唱コンクールの課題曲となり各編成に編曲され広く歌われるようになったこの曲。情景や心情の芸術的描写と、男声女声の魅力を際立たせる素晴しい音楽構成は、合唱の広がりを味わうことができ、合唱の極みと言える作品です。校内合唱コンクールから大人の合唱まで、長く幅広く愛される名曲です。

【この楽譜は、旧商品『ひとつの朝（混声4部合唱）』（品番：EME-C4005）と内容に変更はありません。】

ELEVATO
MUSIC ENTERTAINMENT

ELEVATO
MUSIC ENTERTAINMENT

組曲「ひとつの朝」より

ひとつの朝

作詞:片岡 輝　作曲:平吉毅州

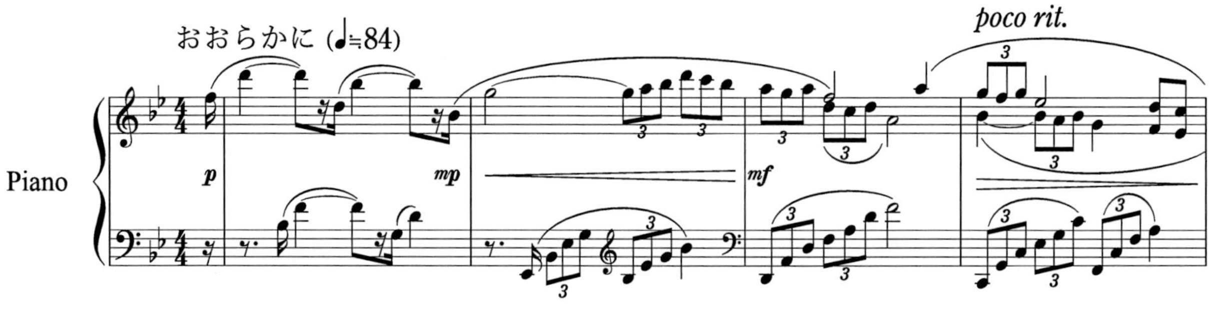

9
mf
f
せかいが しずまな い うちに ー ー さ あ はこぶねにのって ー た
せかいが しずまな い うちに ー ー ー さ あ ー さあ はこぶねにのって ー た
3
せかいがせかいが しずまな いうちに ー さ あ ー さあ はこぶねにのって ー た
せかいがせかいが しずまな いうちに ー さ あ はこぶねにのって ー た
13
poco rit.
mp
び だ とう あの ノアたちの ように ー た び だ と
び だ とう Uh たび だ と
び だ とう ー Uh たび だ と
び だ とう ー あの ノアたちの ように Uh たび だ と
poco rit.

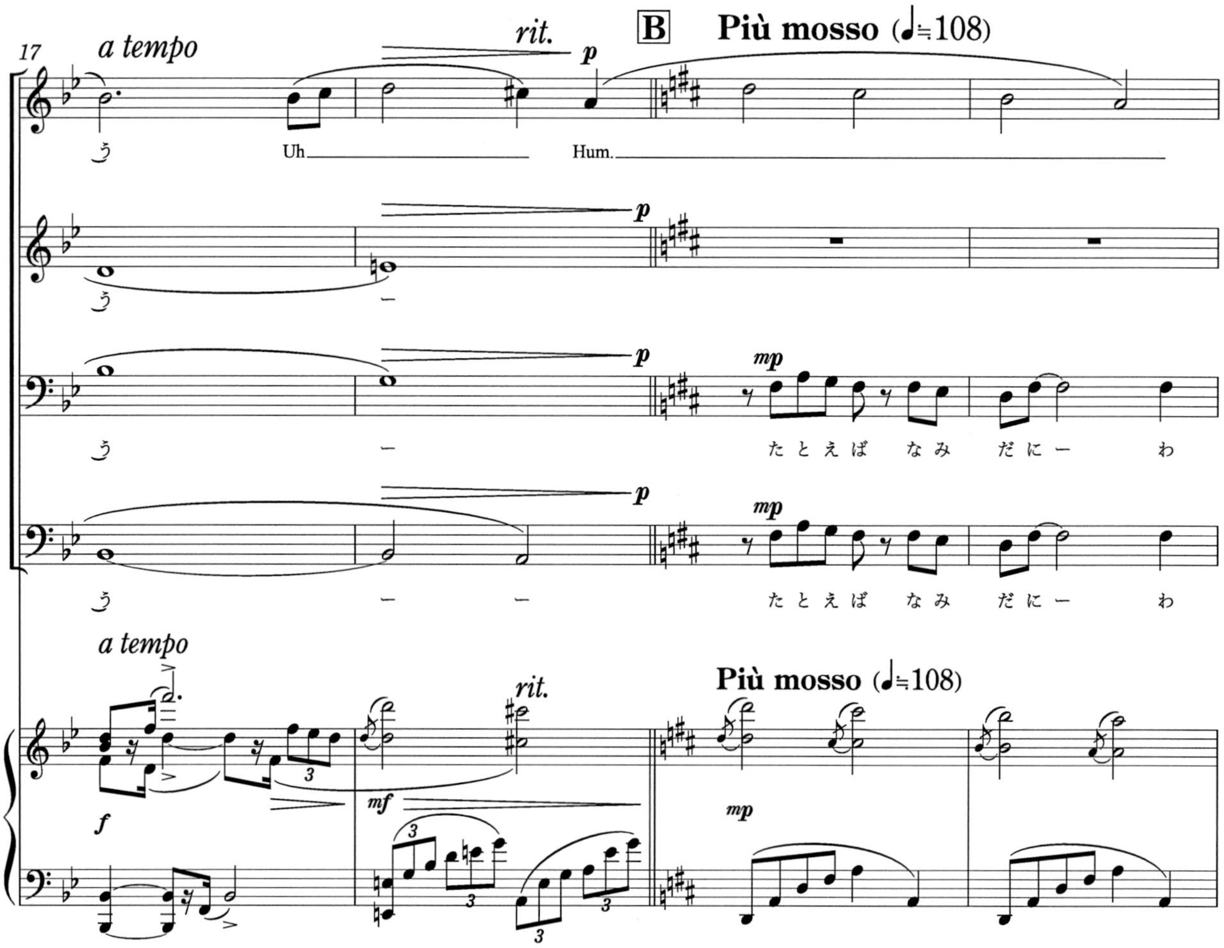
17
a tempo
rit.
B
Più mosso (♩≒108)
p
mp
う
Uh
Hum.
う ー
う ー
たとえば なみ だにー わ
う ー ー
たとえば なみ だにー わ
a tempo
rit.
Più mosso (♩≒108)
f
mf
mp

21
mf
Hum.
Hum.
ゆう きとー しり あ うこ
mp
mf
たとえば ゆう きとー しりあうこ
かれるこ と
ゆうきと しりあうこ
かれるこ と
ゆうきと しりあうこ
mf

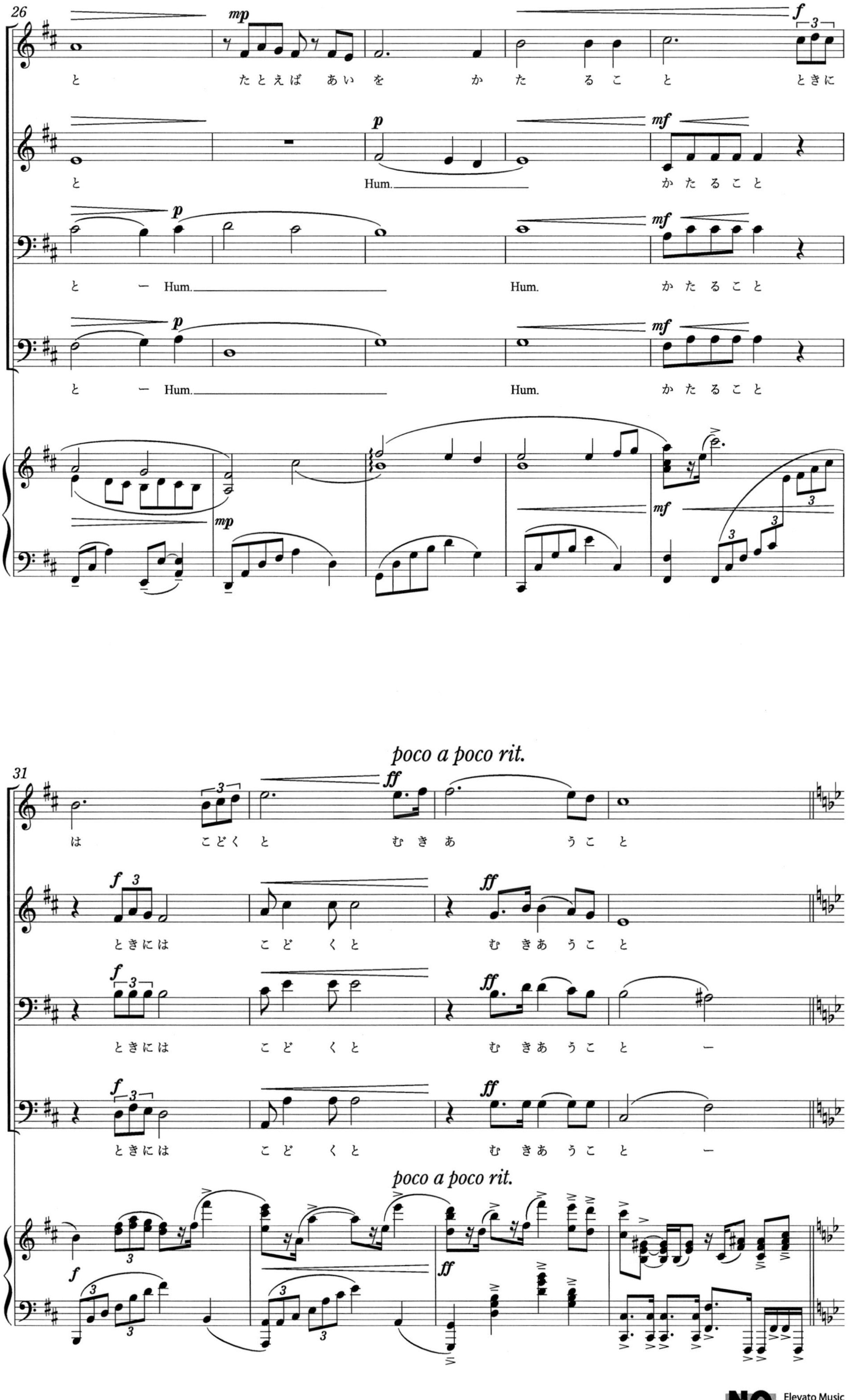
26
と　たとえば　あいを　かたること　ときに
と　Hum.　かたること
と　ー　Hum.　Hum.　かたること
と　ー　Hum.　Hum.　かたること
31
poco a poco rit.
は　こどくと　むきあ　うこと
ときには　こどくと　むきあうこと
ときには　こどくと　むきあうこと　ー
ときには　こどくと　むきあうこと　ー
poco a poco rit.

C Tempo I (♩=84)
35
ff
mf
rit.
mp
たびだちは　たびだちは　たびだちは　いくつもの　であ
たびだちは　たびだちは　たびだちは　いくつもの　であ
たびだちは　たび　だ　ち　は　ー　たび　だ　ち　は　いくつもの　であ
たびだちは　たび　だ　ち　は　ー　たび　だ　ち　は　いくつもの　であ
Tempo I (♩=84)
rit.
ff
mp

38
a tempo
D
p
mp
い　ー　Uh
い　で　あ　い　Uh
い　で　あ　い　いま　めのまえに　ひ　と　つのうみ
い　ー　いま　めのまえに　ひ　と　つのうみ
a tempo
p
mp

42
mf
f
ふねが くだけな い うちに ー ー さ あ
ふねが くだけな い うちに ー ー ー さ あ ー さ あ
さかまくどとうのこうげきに ふねが ふねが くだけな いうちに ー さ あ ー さ あ
さかまくどとうのこうげきに ふねが ふねが くだけな いうちに ー さ あ

46
mp
mf
りょううでを つばさに とびたとう あの とりたちの ように ー と
りょううでを つばさに とびたとう Uh
りょううでを つばさに とびたとう ー Uh
りょううでを つばさに とびたとう ー あの とりたちの ように Uh

50
poco rit.
Più mosso (♩≒108)
び た と う ー
mf
とび た と う ー
mf
とび た と う ー
mf
とび た と う ー
Più mosso (♩≒108)
poco rit.
f
3
54
rit.
a tempo
rit.
a tempo
mf
mp

59
E
mp
Uh
mf
3
だ い ち へ あ
mf
3
だ い ち へ あ
mf
は ば た け あ し た へ ま だ み ぬ ー だ い ち へ
mf
は ば た け あ し た へ ま だ み ぬ ー だ い ち へ
mf

63
た ら し い だ い ち へ ま だ み ぬ
mf
あ た ら し い だ い ち
た ら し い だ い ち へ
mp
Uh
だ い ち
あ た ら し い だ い ち へ
mf
あ た ら し い だ い ち
あ た ら し い だ い ち へ

67
F
へ ー
へ だ い ち へ いきるよろこび を
へ だ い ち へ いきるよろこび
だ い ち へ Hum.
poco a poco cresc.
71
いきるよろこび を ー ひ ろ が る ー
いきるよろこび を ー ひ ろ が る
を ー よろこび を ー ひ ろ が る
Hum. ひ ろ が る ー ひ ろ が る

※テノールは分割して歌ってもよい。

MEMO

組曲「ひとつの朝」より

ひとつの朝

作詞:片岡 輝

今　目の前に
ひとつの朝
まぶしい光の洪水に
世界が沈まないうちに
さあ
方舟《はこぶね》に乗って　旅立とう
あの　ノアたちのように
旅立とう
たとえば
涙に別れること
たとえば
勇気と知り合うこと
たとえば
愛を語ること
時には
孤独と向き合うこと
旅立ちは　いくつもの出会い
今　目の前に
ひとつの海
さかまく　怒《ど》濤《とう》の攻撃に
船が砕けないうちに
さあ
両腕を翼に　飛び立とう
あの　鳥たちのように
飛び立とう
はばたけあしたへ
まだ見ぬ大地へ
新しい大地へ
生きる喜びを
広がる自由を　求めて

ELEVATO
MUSIC ENTERTAINMENT

MEMO

ELEVATO
MUSIC ENTERTAINMENT

MEMO

ELEVATO
MUSIC ENTERTAINMENT

ELEVATO
MUSIC ENTERTAINMENT

エレヴァートミュージックエンターテイメントはウィンズスコアが
展開する「合唱楽譜・器楽系楽譜」を中心とした専門レーベルです。

ご注文について

エレヴァートミュージックエンターテイメントの商品は全国の楽器店、ならびに書店にてお求めになれますが、店頭でのご購入が困難な場合、当社PC&モバイルサイト・電話からのご注文で、直接ご購入が可能です。

◎当社PCサイトでのご注文方法

http://elevato-music.com

上記のアドレスへアクセスし、WEBショップにてご注文ください。

◎お電話でのご注文方法

TEL.0120-713-771

営業時間内に電話いただければ、電話にてご注文を承ります。

◎モバイルサイトでのご注文方法

右のQRコードを読み取ってアクセスいただくか、
URLを直接ご入力ください。

※造本には十分注意しておりますが、万一、落丁・乱丁などの不良品がありましたらお取り替えいたします。
また、ご意見・ご感想もホームページより受け付けておりますので、お気軽にお問い合わせください。

大切なもの

作詞・作曲:山崎朋子

Elevato Music
EMG3-0190

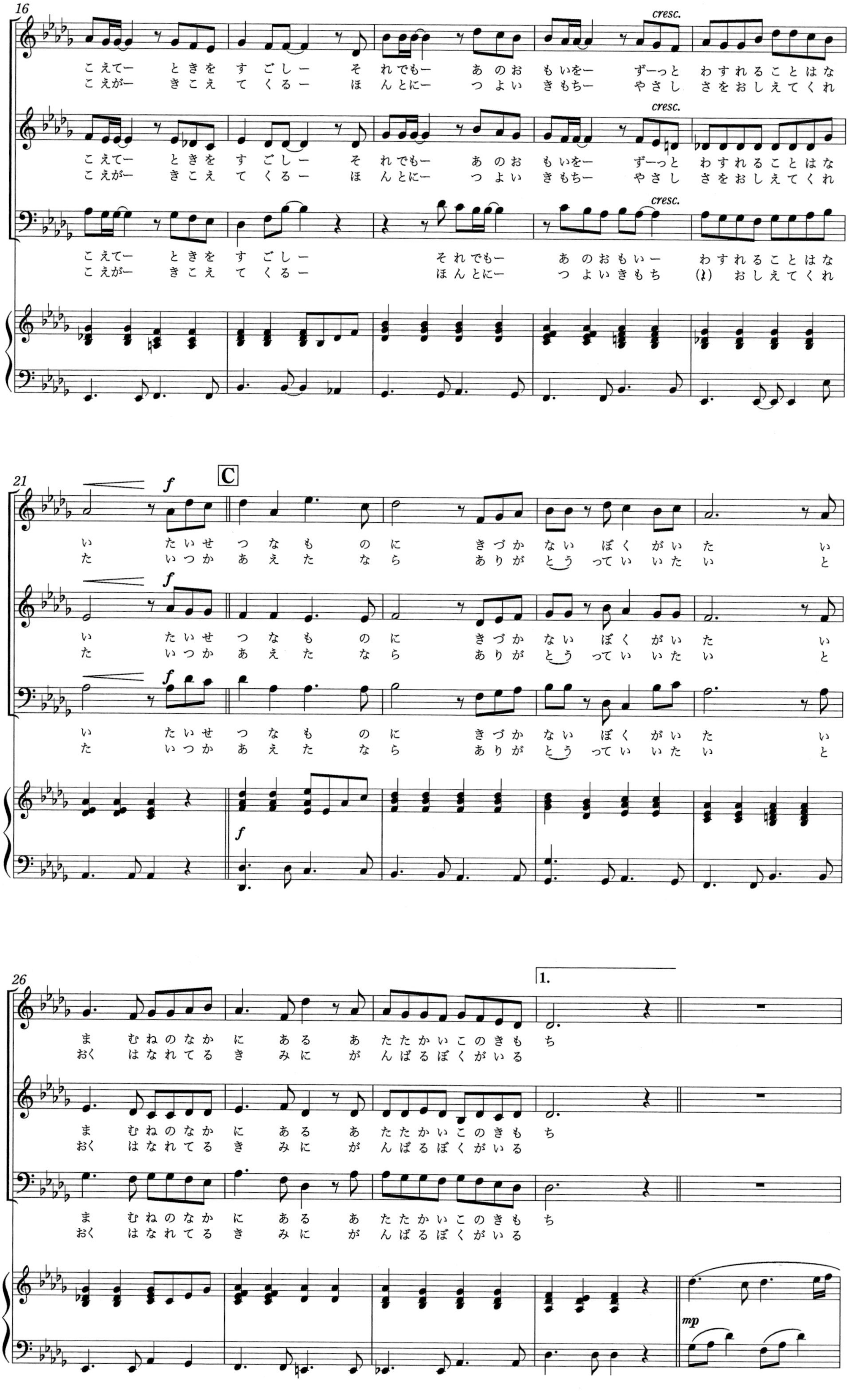
16
cresc.
こ えてー と きを す ごしー そ れでもー あ のお もいをー ずーっと わ す れ る こ と は な
こ えがー き こ え て く るー ほ んとにー つ よ い き もちー や さ し さ を お し え て く れ
cresc.
こ えてー と きを す ごしー そ れでもー あ のお もいをー ずーっと わ す れ る こ と は な
こ えがー き こ え て く るー ほ んとにー つ よ い き もちー や さ し さ を お し え て く れ
cresc.
こ えてー と きを す ご しー それでもー あ のおもいー わすれることはな
こ えがー きこえ て く るー ほんとにー つ よいきもち (𝄽) おしえてくれ
21
f
C
い たいせ つ な も の に きづか な い ぼ く が い た い
た いつか あ え た な ら ありが とう ってい い た い と
f
い たいせ つ な も の に きづか な い ぼ く が い た い
た いつか あ え た な ら ありが とう ってい い た い と
f
い たいせ つ な も の に きづか な い ぼ く が い た い
た いつか あ え た な ら ありが とう ってい い た い と
f
26
1.
ま むねのなか に ある あ たたかいこのきも ち
おく はなれてる き みに が んばるぼくがいる
ま むねのなか に ある あ たたかいこのきも ち
おく はなれてる き みに が んばるぼくがいる
ま むねのなか に ある あ たたかいこのきも ち
おく はなれてる き みに が んばるぼくがいる
mp

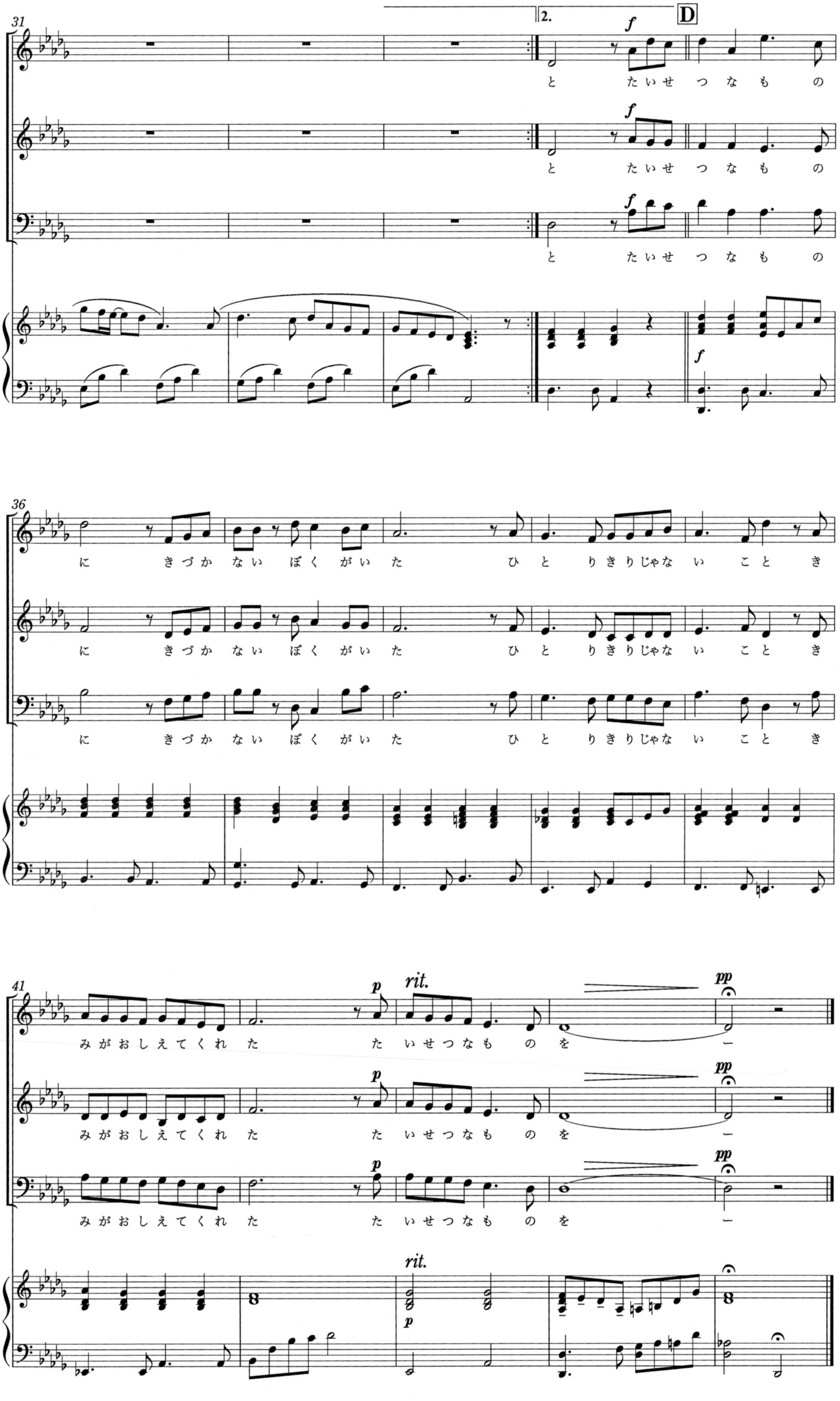

Elevato Music
EMG3-0190

MEMO

ELEVATO
MUSIC ENTERTAINMENT

大切なもの

作詞：山崎朋子

空にひかる星を　君とかぞえた夜
あの日も　今日《きょう》のような風が吹いていた

あれから　いくつもの季節こえて　時を過ごし
それでも　あの想《おも》いを　ずっと忘れることはない

大切なものに　気づかないぼくがいた
今　胸の中にある　あたたかい　この気持ち

くじけそうな時は　涙をこらえて
あの日　歌っていた歌を思い出す

がんばれ　負けないで　そんな声が聞こえてくる
ほんとに　強い気持ち　やさしさを教えてくれた

いつか会えたなら　ありがとうって言いたい
遠く離れてる君に　がんばる　ぼくがいると

大切なものに　気づかないぼくがいた
ひとりきりじゃないこと　君が教えてくれた
大切なものを……

ELEVATO
MUSIC ENTERTAINMENT
エレヴァートミュージックエンターテイメントはウィンズスコアが
展開する「合唱楽譜・器楽系楽譜」を中心とした専門レーベルです。

ご注文について

エレヴァートミュージックエンターテイメントの商品は全国の楽器店、ならびに書店にてお求めになれますが、店頭でのご購入が困難な場合、当社PC&モバイルサイト・電話からのご注文で、直接ご購入が可能です。

◎当社PCサイトでのご注文方法

http://elevato-music.com

上記のアドレスへアクセスし、WEBショップにてご注文ください。

◎お電話でのご注文方法

TEL.0120-713-771

営業時間内に電話いただければ、電話にてご注文を承ります。

◎モバイルサイトでのご注文方法

右のQRコードを読み取ってアクセスいただくか、
URLを直接ご入力ください。